Género **No ficción**

Pregunta esencial

¿Cómo se mueve tu cuerpo?

Saltar y correr

Carmen Delfino

Robert Decelis Ltd/Stone/Getty Images

¿Qué hace ella?

Ella salta muy alto.

Sube y baja sin ayuda.

¡Yo también puedo saltar!

Salto sola o con mi amigo.

¿Y qué hace ella?

Ella sale a correr en esa pista. ¡Corre a la meta!

Rick Gomez/Corbis/Getty Images

¡Yo también voy a correr!

Voy a correr en el pasto con mi amigo.

Purestock/SuperStock

¿Y qué hace ella?

Ella toca la pelota.
Se la pasa a su amiga.

Yo también juego a la pelota, pero no la paso.

La paro así, con las manos.

¡Vamos dos a dos!

Image Source / SuperStock

¿Y qué hace él?

Él toma la pesa más pesada. La sube muy alto. ¡Upa!

Anthony Redpath/Corbis/Getty Images

¿Y yo? ¿También puedo mover esa pesa?

Mmm... No sé. Es una pesa muy pesada.

Fancy/Alamy

Mira cómo saltamos
en la escuela.

¡Saltamos así!

Frank Gaglione/Getty Images

¿Y a ti qué te gusta?
¿Saltar o correr?

Respuesta a la lectura

Volver a contar

Vuelve a contar detalles del texto con tus propias palabras.

Detalle	Detalle	Detalle

Evidencia en el texto

1. Mira la página 5. ¿En dónde corre la niña? **Detalles clave**

2. Mira la página 6. ¿A quién le pasa la pelota la niña?

   Detalles clave

3. ¿Cómo sabes que *Saltar y correr* es un texto de no ficción? **Género**

Género No ficción

Compara los textos
Lee para aprender cómo jugar al fútbol.

¡Pasa la pelota!

Erik Isakson/Blend Images/Getty Images

Reglas básicas del fútbol:

1. En cada equipo somos 11 jugadores.

2. No puedes mover ni pasar la pelota con la mano. ¡Solo con el pie o con la cabeza!

3. ¡Solo el portero puede tomar la pelota con la mano!

Esto se usa para jugar fútbol.

KidStock/Blend Images/Getty Images

¿? Haz conexiones

¿Cuál de todos los deportes que se mencionan en los textos te gusta más? **El texto y otros textos**

Enfoque: Ciencias

Propósito Descubrir cómo te mueves cuando haces ejercicio

Paso a paso

Paso 1 Trabaja con un compañero. Hablen de un deporte que les guste.

Paso 2 Dibújate practicando ese deporte. Rotula las partes de tu cuerpo que se mueven.

Paso 3 Muestra el dibujo a tus compañeros.

Conclusión ¿Cómo se mueve tu cuerpo cuando haces ejercicio?